LA HISTORIA
DE LA CASA BLANCA

por Kate Waters

Traducido por Yanina Vargas-Arriaga

SCHOLASTIC INC.

New York   Toronto   London   Auckland   Sydney

Le pido al Cielo que conceda
la Mejor de las Bendiciones
a ESTA CASA y a TODOS los que hayan
de habitarla. Que sólo Hombres Honestos y
Sabios gobiernen bajo Este Techo.

*— John Adams a su esposa
Abigail, en una carta
fechada un día después de
mudarse a la Casa Blanca.*

La Casa Blanca pertenece a todos
los ciudadanos de nuestro país.
En ella vive y trabaja el presidente
de los Estados Unidos.

E.U.A.

Washington, D.C.

*Alaska

*Hawaii

La Casa Blanca está en Washington, D.C., la capital de nuestra nación.

En la capital trabajan las personas que están a cargo del gobierno.

Es una ciudad llena de edificios importantes.

*Alaska y Hawaii no están representados en su posición geográfica correcta ni a escala.

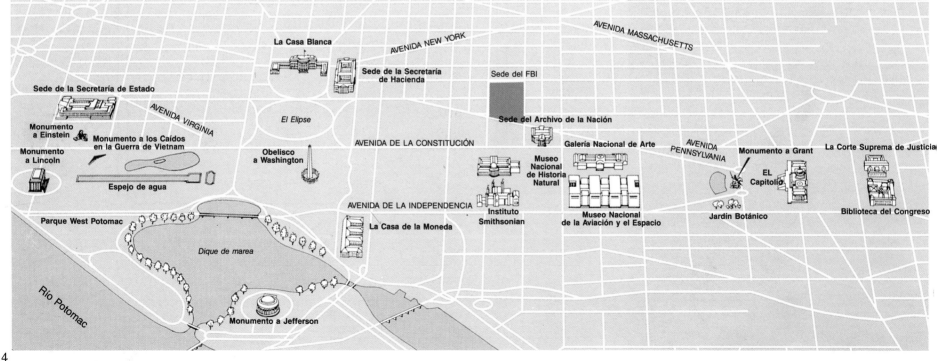

La Casa Blanca

AVENIDA NEW YORK

AVENIDA MASSACHUSETTS

Sede de la Secretaría de Hacienda

Sede del FBI

Sede de la Secretaría de Estado

AVENIDA VIRGINIA

El Elipse

Sede del Archivo de la Nación

Monumento a Einstein

Monumento a los Caídos en la Guerra de Vietnam

Monumento a Lincoln

AVENIDA DE LA CONSTITUCIÓN

Galería Nacional de Arte

AVENIDA PENNSYLVANIA

Monumento a Grant

La Corte Suprema de Justicia

Obelisco a Washington

Museo Nacional de Historia Natural

EL Capitolio

Espejo de agua

AVENIDA DE LA INDEPENDENCIA

Instituto Smithsonian

Museo Nacional de la Aviación y el Espacio

Jardín Botánico

Biblioteca del Congreso

Parque West Potomac

La Casa de la Moneda

Dique de marea

Río Potomac

Monumento a Jefferson

Salón de Lectura de la Biblioteca del Congreso

Secretaría de Justicia

Papel moneda nuevo

En la Biblioteca del Congreso se guarda una copia de cada uno de los libros registrados en los Estados Unidos. Es la biblioteca más grande del mundo.

En la Casa de la Moneda se imprime el dinero para todo el país.

El Congreso lleva a cabo sus reuniones en el Capitolio.

Los abogados del gobierno trabajan en la Secretaría de Justicia.

Los nueve magistrados que integran la Corte Suprema de Justicia deciden si los mandatos de las otras cortes o tribunales son buenos o malos.

El Capitolio

La Corte Suprema de Justicia

En la Casa Blanca se toman
decisiones importantes.
Líderes de todo el mundo van a la
Casa Blanca a reunirse con el
presidente.
La Casa Blanca es un símbolo de
nuestro país y de nuestro sistema
de gobierno, conocido como una
democracia.
Al igual que sucede con la mayoría
de las casas grandes y antiguas,
los personajes que allí vivieron, y
los sucesos que allí ocurrieron,
han dado pie a numerosas
historias.
Ésta es la historia de la Casa Blanca.

Vista del Salón Rojo

La ciudad de Washington, D.C., vista desde el otro lado del río Potomac. (George Cooke, 1833)

Washington, D.C., no siempre fue como es hoy.
En un tiempo fue una pequeña y tranquila aldea
donde no había muchas casas.
No existían buenos caminos para llegar a la aldea,
ni buenos muelles para las embarcaciones.

Hace unos doscientos años, cuando los Estados
Unidos se independizó, sus ciudadanos
comenzaron a preguntarse dónde debería vivir el
presidente.
¿Debería vivir en el norte o en el sur del país?
¿Cómo debía ser la casa: un palacio como los de los
reyes o una residencia más sencilla?

La residencia de la Plaza Franklin, New York City

La residencia Macomb en Broadway, New York City

La residencia Morris, Philadelphia

Mientras el Congreso discutía qué tipo de residencia habrían de construir y en dónde, nuestro primer presidente, George Washington, vivió en tres casas distintas.

Las dos primeras estaban situadas en New York City.

La tercera estaba en Philadelphia, Pennsylvania.

Finalmente, Washington propuso un sitio para satisfacer varios puntos de vista.

Escogió un terreno situado a la orilla del río Potomac.

Dos estados, Maryland y Virginia, cedieron territorio para construir la nueva capital.

El terreno estaba situado en la frontera entre los estados del norte y del sur. (En esa época no existían los estados del oeste).

George Washington le dio el nombre de Distrito de Columbia en honor a Cristóbal Colón.

Benjamin Banneker

El presidente Washington contrató a
varios expertos para que
planificaran la nueva ciudad.
Washington, D.C., es una de las
pocas ciudades del mundo que
fue diseñada antes de construirse.
Primero, Benjamin Banneker y
Andrew Ellicott trazaron mapas
del terreno.

Andrew Ellicott

Pierre Charles L'Enfant

Pierre Charles L'Enfant decidió
dónde debían ir las carreteras.
Washington decidió construir el
Capitolio sobre una colina, en
uno de los extremos de la
ciudad, y la residencia del
presidente sobre otra colina, al
otro extremo.
Después tuvieron que decidir qué
clase de residencia se debía
construir para el presidente.

Plano de la ciudad diseñado por Pierre Charles L'Enfant

Thomas Jefferson sugirió organizar un concurso.
El concurso se anunció en todos los periódicos del país.

Un comité escogió el sencillo y elegante diseño de James Hoban, un joven
arquitecto de ascendencia irlandesa.

La primera piedra se colocó el 13 de octubre de 1792.

Tomó ocho años completar la construcción hasta el punto de que la casa se
pudiera habitar.

Entonces, Washington, D.C., todavía era una ciudad a medio construir.

Tampoco se había terminado de construir el Capitolio y los congresistas
vivían en casas de huéspedes rodeadas de campos de cultivo.

John Adams, el segundo presidente de los Estados Unidos, se mudó a una
Casa Blanca fría y húmeda en noviembre de 1800.

Abigail Adams solía tender la ropa a secar en el Salón Este.

Pensaba que era de mala educación tender afuera la ropa del presidente.

James Hoban

Dibujo de James Hoban que resultó ganador

Adiciones propuestas a la Casa Blanca

Cuando nuestro tercer presidente, Thomas Jefferson,
se mudó a la Casa Blanca en 1801, la mayor
parte de las estructuras exteriores estaba
terminada.

¡La Casa Blanca era la residencia más grande de los
Estados Unidos!

Jefferson encargó a Francia muebles y papel tapiz
para las paredes.

Desde entonces, cada presidente ha encargado cosas
especiales para la casa.

Hoy en la Casa Blanca se pueden ver sillas que
tienen más de cien años.

Durante esta época la casa se conocía como
El Palacio del Presidente; más tarde se llamó
La Casa del Presidente.

Retrato de George Washington por Gilbert Stuart

Después James Madison fue elegido presidente.
Durante su presidencia, los Estados Unidos e
    Inglaterra se enfrentaron en una guerra:
    La Guerra de 1812.
Cuando las tropas inglesas se acercaron a Washington,
    la primera dama, Dolley Madison, pidió un
    carruaje para trasladarse a un lugar seguro.
Pero no se fue de la casa hasta que logró que dos
    hombres bajaran de la pared el famoso retrato de
    George Washington.
Las tropas inglesas prendieron fuego al Capitolio y a
    la Casa Blanca.
Actualmente, el retrato que Dolley Madison salvó es
    lo único que se conserva en la Casa Blanca desde
    su inauguración.

El incendio de Washington, D.C., ocasionado por los ingleses en
1812, con la Casa Blanca al fondo. (Dibujo con aguadas)

Después del incendio

Alrededor del año 1831

Al terminar la guerra, la casa se reconstruyó y se
pintó de blanco para cubrir las manchas de humo.
Fue entonces que se comenzó a llamar la Casa Blanca.

1860

Alrededor del año 1900

En todo el mundo, se considera
que la Casa Blanca es el
símbolo de nuestro país.
La Casa Blanca representa la
libertad.
El presidente firma leyes que nos
afectan a todos.
Líderes de todo el mundo van a
la Casa Blanca a reunirse con
el presidente.
En la Casa Blanca también se
celebran fiestas y ceremonias
especiales.

Tú también puedes visitar la Casa
    Blanca.
Está abierta al público casi todos
    los días del año.
¡Cada año, más de un millón de
    personas visitan la Casa Blanca!

Algunos visitantes afortunados se
    cruzan con el presidente o la
    primera dama por los pasillos.
A los visitantes sólo se les permite
    ver una parte de la enorme
    casa.

SEGUNDO Y TERCER PISO

COMEDOR OFICIAL

SALÓN ROJO

VESTÍBULO Y PASILLO CENTRAL

SALÓN AZUL

SALÓN VERDE

SALÓN ESTE

PÓRTICO SUR

BIBLIOTECA

SALÓN DE LOS MAPAS

SALÓN DE VAJILLAS

SALÓN DORADO

PASILLO DEL PRIMER PISO

SALÓN DE RECEPCIONES DIPLOMÁTICAS

Hay un total de 132 habitaciones, salas y salones.

En las giras oficiales, los visitantes sólo ven siete de los salones y tres vestíbulos.

Cada salón está lleno de valiosos muebles antiguos y otros objetos hermosos.

La Casa Blanca también es un museo.

Lo primero que se ve al entrar a la Casa Blanca, es la estación del Servicio Secreto.

Los miembros del Servicio Secreto son agentes de policía que reciben un entrenamiento especial.

Te darás cuenta de que llevan unos audífonos pequeñitos en los oídos.

Pueden transmitir y recibir mensajes rápidamente en caso de peligro.

Comedor Oficial

Éstos son algunos de los salones que puedes ver en la gira oficial de la
    Casa Blanca.
¡En el Comedor Oficial se pueden acomodar ciento cuarenta invitados!
El Salón Este es la sala más grande de la casa.
Es donde dan las fiestas el presidente y la primera dama.
A veces, se monta un escenario para conciertos y funciones de baile.
Algunos presidentes también llevan a cabo ruedas de prensa en el
    Salón Este.

Salón Este

El vestíbulo de entrada

En la biblioteca de la Casa Blanca hay 2,700 libros.
Todos los libros son de autores estadounidenses.
La familia del presidente puede sacar libros de la biblioteca.

La biblioteca

Salón Verde

Como puedes ver, otros salones famosos tienen nombres de colores.

Salón Azul

Salón Rojo

Veamos algunas de las habitaciones que la mayoría de la gente nunca llega a ver.

La oficina del presidente está en el Ala Oeste de la Casa Blanca.

Ala Oeste

Se le llama la Oficina Ovalada porque tiene esta forma:

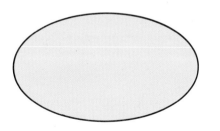

Detrás del escritorio del presidente hay dos banderas.

Una es la bandera de nuestro país.

La otra es la bandera presidencial.

Cada presidente escoge sus propios muebles.

Oficina Ovalada

En la Casa Blanca hay dos
cocinas y una despensa.

¡Los cocineros a veces preparan
comida para más de cien
personas!

Dormitorio de Lincoln

Dormitorio de la Reina

¡La Casa Blanca tiene once dormitorios y treinta y dos baños!

Pero sólo el presidente y la primera dama, y sus invitados, duermen en ella.

En la sección privada de la Casa Blanca hay dos dormitorios famosos.

¡Una vez, la perra de un presidente tuvo perritos en uno de los dormitorios de la Casa Blanca!

Bolígrafo automático

Los reporteros de la prensa y de la televisión de todo el país tienen oficinas en el Ala Oeste. De esa forma están cerca cuando el presidente decide realizar una rueda de prensa.

Un total de noventa y seis personas trabajan en la parte residencial de la Casa Blanca.

En la Oficina de Correspondencia leen las cartas que el presidente recibe todos los días.

Cerca de 15,000 cartas llegan a la Casa Blanca diariamente.

Cada carta se contesta al menos con una tarjeta postal. Claro que el presidente no puede firmarlas todas.

Una máquina, conocida como bolígrafo automático, ¡escribe la firma del presidente!

Los telefonistas contestan cerca de 50,000 llamadas diariamente. La mayoría de las llamadas son para el presidente. Hoy en día se usan computadoras, pero no hace mucho tiempo, ¡todas las llamadas se conectaban manualmente!

El conmutador de la Casa Blanca en 1955

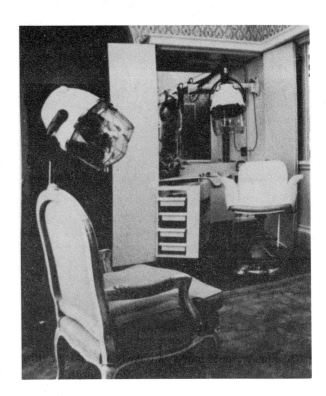

El presidente y su familia deben
   tener cuidado cuando salen de
   la Casa Blanca.
Siempre los acompañan guardias
   del Servicio Secreto.
Por esa razón, hace mucho tiempo
   se decidió que sería más fácil
   tener algunos servicios
   disponibles dentro de la casa.

En la Casa Blanca ha habido una barbería, un salón
   de belleza y una clínica.
Para que la familia disfrute tranquilamente, la Casa
   Blanca tiene bolera, cine, gimnasio y salón de
   juegos.

¡Afuera, en los jardines, hay una piscina rodeada de árboles!

El césped y los jardines que están al otro lado de la cerca de la Casa Blanca se conocen como el Parque del Presidente.

Es un parque hermoso en todas las épocas del año.

Cada año, no importa quién sea el presidente, se
    lleva a cabo una celebración especial para los
    pequeños en la Casa Blanca.
El lunes después de Pascua, hay una carrera de
    huevos de Pascua.

En la época de Navidad, los visitantes pueden ver el
    enorme árbol Nacional de Navidad frente a la
    Casa Blanca.

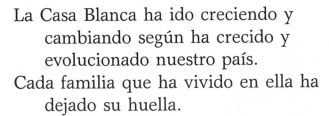

La Casa Blanca ha ido creciendo y
　　cambiando según ha crecido y
　　evolucionado nuestro país.
Cada familia que ha vivido en ella ha
　　dejado su huella.
Y cada ciudadano nacido en este país
　　puede aspirar a llegar a vivir en
　　ella.

Datos curiosos sobre los residentes de la Casa Blanca

1. Se dice que **George Washington** donó parte de sus cubiertos de plata cuando nuestro país necesitaba oro y plata para hacer monedas.

2. Se dice que **John Adams** fue el primero en organizar un espectáculo de fuegos artificiales en la Casa Blanca.

3. **Thomas Jefferson** tenía un pájaro sinsonte que volaba por toda la Casa Blanca, excepto cuando había invitados.

4. A Dolley, la esposa de **James Madison,** le encantaba dar fiestas y acostumbraba servir helado a sus invitados.

5. **James Monroe** viajó por todo el país cuando era presidente. ¡En esa época, St. Louis era la ciudad ubicada más al oeste de nuestro país!

6. **John Quincy Adams** fue el primer presidente que fue fotografiado.

7. Los partidarios de **Andrew Jackson** asistieron a una fiesta en la Casa Blanca para celebrar su elección. Los invitados rompieron platos y se pararon encima de los muebles con sus botas sucias de barro.

8. **Martin Van Buren** era viudo. Vivió en la Casa Blanca con sus cuatro hijos.

9. **William Henry Harrison** fue presidente por sólo treinta y dos días. Después de pasar el día a la intemperie durante la ceremonia de la toma de posesión, cogió una pulmonía y murió.

10. **John Tyler** fue el primer presidente que se casó mientras ocupaba la presidencia.

11. **James K. Polk** tenía una esposa muy estricta. No permitía jugar a las cartas, bailar ni tomar bebidas alcohólicas en la Casa Blanca.

12. **Zachary Taylor** llevó su caballo, *Old Whitey*, a la Casa Blanca. *Old Whitey* solía pasarse el día en los jardines de la Casa Blanca, comiéndose el césped.

13. **Millard Fillmore** fundó la biblioteca de la Casa Blanca. Anteriormente, en la Casa Blanca no había una colección permanente de libros.

14. **Franklin Pierce** fue quien compró la primera tina para la Casa Blanca. Eso no le gustó a muchos porque pensaban que bañarse en tina no era saludable ¡y causaba enfermedades!

15. **James Buchanan** fue el único presidente que nunca contrajo matrimonio.

16. **Abraham Lincoln** solía caminar solo de noche a la Secretaría de Guerra para enterarse de las últimas noticias sobre la guerra de Secesión.

17. **Andrew Johnson** no aprendió a leer hasta que tenía diecisiete años. Como sus padres eran pobres, no pudo asistir a la escuela.

18. **Ulysses S. Grant** estableció el Parque Yellowstone, que fue nuestro primer parque nacional.

19. **Rutherford B. Hayes** fue el primero en tener teléfono en la Casa Blanca. Alexander Graham Bell en persona, el inventor del teléfono, le dio a Hayes instrucciones para usarlo.

20. **James A. Garfield** podía escribir con ambas manos. Algunas veces le gustaba divertir a la gente ¡escribiendo en griego con una mano y en latín con la otra!

21. **Chester A. Arthur** pensó que la Casa Blanca era un lugar lúgubre, así que decidió cambiar la decoración. Se necesitaron veinticuatro vagones para llevarse los muebles viejos y hacer espacio para los nuevos.

22 **Grover Cleveland** fue el presidente
& número veintidós y veinticuatro.
24. También, fue el único presidente cuya boda se celebró en la Casa Blanca.

23. **Benjamin Harrison** hizo que se instalaran cables para proporcionar electricidad a la Casa Blanca, ¡pero como tenía miedo de electrocutarse, nunca tocaba los interruptores!

25. **William McKinley** tiene su foto en los billetes de quinientos dólares. Guam, Hawaii y Puerto Rico pasaron a formar parte de los Estados Unidos durante su presidencia.

26. **Theodore Roosevelt** mandó a construir el Ala Oeste de la Casa Blanca. Allí puso su oficina para poder trabajar en paz y tranquilidad.

27. **William Howard Taft** comenzó la tradición de que el presidente lanzara la primera bola de la temporada de béisbol.

28. **Woodrow Wilson** era presidente cuando estalló la primera guerra mundial. Trató de impedir que el país entrara en la guerra, pero cuando tuvo que hacerlo, dijo que esperaba que ésa fuera la "guerra que terminara todas las guerras".

29. **Warren G. Harding** fue el primer presidente que dio un discurso por radio.

30. **Calvin Coolidge** tenía la costumbre de sentarse afuera por la noche a pensar y descansar, pero la gente que pasaba se paraba a mirarlo y a señalarlo, y al final tuvo que dejar de hacerlo.

31. **Herbert C. Hoover** fue el primer presidente que nació al oeste del río Mississippi.

32. **Franklin D. Roosevelt** obtuvo permiso para construir una piscina y un cine en la Casa Blanca.

33. **Harry S. Truman** y su esposa, Bess, vivieron en la Casa Blair — situada frente a la Casa Blanca — mientras hacían reparaciones en la Casa Blanca.

34. **Dwight D. Eisenhower** fue el primer presidente que viajó en helicóptero, que levantaba vuelo y aterrizaba en los jardines de la Casa Blanca.

35. El hijo de **John F. Kennedy**, John Jr., solía esconderse debajo del escritorio del presidente. Lo llamaba "mi casa".

36. **Lyndon B. Johnson** fue el primer presidente que voló por todo el mundo visitando otros gobernantes.

37. **Richard Milhous Nixon** fue el primer presidente que renunció a su cargo.

38. **Gerald R. Ford** nadaba casi todos los días en la piscina de la Casa Blanca. ¡Un día realizó una rueda de prensa mientras nadaba!

39. La hija de **"Jimmy" Carter**, Amy, construyó una casita en un árbol en los jardines del lado sur de la Casa Blanca. A veces, desde allí observaba las ceremonias oficiales.

40. **Ronald Reagan** fue el primer actor de cine que fue elegido presidente.

41. **George Bush** invitaba a campeones de tenis a jugar con él en las canchas de la Casa Blanca.

42. **Bill Clinton** y su esposa Hillary son abogados.

Retratos de la Casa Blanca

1. George Washington (1789 - 1797)
Martha Dandridge (Custis) Washington

2. John Adams (1797 - 1801)
Abigail Smith Adams

3. Thomas Jefferson (1801 - 1809)
*†Martha Wayles (Skelton) Jefferson
 *Martha Jefferson Randolph
 *†Maria "Polly" Wayles Jefferson Eppes

4. James Madison (1809 - 1817)
Dorothea "Dolley" Payne (Todd) Madison

5. James Monroe (1817 - 1825)
Elizabeth Kortright Monroe
*Eliza Monroe Hay

6. John Quincy Adams (1825 - 1829)
Louisa Catherine Johnson Adams

7. Andrew Jackson (1829 - 1837)
Rachel Donelson (Robards) Jackson
*Emily Tennessee Donelson
*Sarah Yorke Jackson

8. Martin Van Buren (1837 - 1841)
Hannah Hoes Van Buren
*Angelica Singleton Van Buren

9. William Henry Harrison (1841 - 1841)
Anna Tuthill Symmes Harrison
*†Jane Irwin Harrison
*Jane Irwin Findlay

10. John Henry Tyler (1841 - 1845)
Letitia Christian Tyler
*Priscilla Cooper Tyler
*Letitia Tyler Semple

Julia Gardiner Tyler

11. James K. Polk (1845 - 1849)
Sarah Childress Polk

12. Zachary Taylor (1849 - 1850)
*†Magaret Mackall Smith Taylor
*Mary Elizabeth "Betty" Taylor Bliss

13. Millard Fillmore (1850 - 1853)
Abigail Powers Fillmore
*Mary Abigail Fillmore
Caroline Carmichael (McIntosh) Fillmore

14. Franklin Pierce (1853 - 1857)
Jane Means Appleton Pierce
*†Abby Kent Means

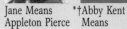

15. James Buchanan (1857 - 1861) — *Harriet Lane

16. Abraham Lincoln (1861 - 1865) — Mary Todd Lincoln

17. Andrew Johnson (1865 - 1869) — Eliza McCardle Johnson — *Martha Johnson Patterson

18. Ulysses S. Grant (1869 - 1877) — Julia Dent Grant

19. Rutherford B. Hayes (1877 - 1881) — Lucy Ware Webb Hayes

20. James A. Garfield (1881 - 1881) — Lucretia Rudolph Garfield

21. Chester A. Arthur (1881 - 1885) — Ellen Lewis Herndon Arthur — *Mary Arthur McElroy

22 & 24. Grover Cleveland (1885 - 1889) (1893 - 1897) — *Rose Elizabeth Cleveland — Frances Folsom Cleveland

23. Benjamin Harrison (1889 - 1893) — Caroline Lavinia Scott Harrison — *Mary Scott Harrison McKee — Mary Scott Lord (Dimmick) Harrison

25. William McKinley (1897 - 1901) — Ida Saxton McKinley

26. Theodore Roosevelt (1901 - 1909) — Alice Hathaway Lee Roosevelt — Edith Kermit Carow Roosevelt

27. William Howard Taft (1909 - 1913) — Helen Herron Taft — *Helen Herron Taft

28. Woodrow Wilson (1913 - 1921) — Ellen Louise Axson Wilson — *Helen Woodrow Bones — *Margaret Woodrow Wilson

Edith Bolling (Galt) Wilson

29. Warren G. Harding (1921 - 1923) — Florence Kling (De Wolfe) Harding

 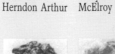 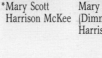

30. Calvin Coolidge (1923 – 1929)

Grace Anna Goodhue Coolidge

31. Herbert C. Hoover (1929 – 1933)

Lou Henry Hoover

32. Franklin D. Roosevelt (1933 – 1945)

Anna Eleanor Roosevelt Roosevelt

33. IIarry S. Truman (1945 – 1953)

Elizabeth "Bcss" Virginia Wallace Truman

34. Dwight D. Eisenhower (1953 – 1961)

Mary "Mamie" Geneva Doud Eisenhower

35. John F. Kennedy (1961 – 1963)

Jacqueline "Jackie" Lee Bouvier Kennedy

 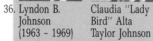

36. Lyndon B. Johnson (1963 – 1969)

Claudia "Lady Bird" Alta Taylor Johnson

37. Richard Milhouse Nixon (1969 – 1974)

Thelma Catherine Patricia "Pat" Ryan Nixon

38. Gerald R. Ford (1974 – 1977)

Elizabeth "Betty" Warren Bloomer Ford

39. "Jimmy" James E. Carter (1977 – 1981)

Rosalynn Smith Carter

40. Ronald Reagan (1981 – 1989)

Anne Frances "Nancy" Robbins (Davis) Reagan

41. George Bush (1989 – 1993)

Barbara Pierce Bush

42. William Jefferson Blythe Clinton (1993 –   )

Hillary Rodham Clinton

*Estas mujeres no fueron esposas del presidente. Eran familiares que sirvieron como anfitrionas oficiales de la Casa Blanca si el presidente era viudo, o si la primera dama fallecía durante la presidencia o se enfermaba. James Buchanan fue el único presidente que nunca se casó.

†No existen retratos.

Una bibliografía selecta para niños:

Blassingame, Wyatt. *The Look-It-Up Book of the Presidents.* New York: Random House, 1990.

Cary, Sturges F. *Arrow Book of Presidents.* New York: Scholastic Inc., 1980.

Fisher, Leonard Everett. *The White House.* New York: Holiday House, 1989.

Krementz, Jill. *A Visit to Washington, D.C.* New York: Scholastic Hardcover, 1987.

Kutner, Nanette. *The White House Saga.* New York: Atheneum, 1962.

Miller, Natalie. *The Story of the White House.* Chicago: Children's Press, 1966.

Munro, Roxie. *The Inside-Outside Book of Washington, D.C.* New York: E.P. Dutton, 1987.

Provensen, Alice. *The Buck Stops Here.* New York: Harper & Row, Publishers, 1990.

Smith, Irene. *Washington, D.C.* Chicago: Rand McNally & Company, 1964.

Sullivan, George. *How the White House Really Works.* New York: E.P. Dutton, 1989.

Turck, Mary. *Washington, D.C.* New York: Crestwood House, 1989.

Una bibliografía selecta para adultos (aunque a los niños les gustarán mucho las fotos e ilustraciones):

Aikman, Lonnelle. *The Living White House.* Washington, D.C.: The White House Historical Association, 1987.

Bruse, Preston, et al. *From the Door of the White House.* New York: Lothrop, 1984.

Ryan, William, and Desmond Guinness. *The White House: An Architectural History.* New York: McGraw-Hill Book Company, 1980.

White House Historical Association. *The White House: An Historical Guide.* Washington, D.C.: White House Historical Association, 1979.

Índice

(Los números de página en *cursiva* indican ilustraciones).

Fotografías, dibujos y grabados:

AP/Wide World Photos: p. 19 (inferior); p. 22; p. 25; p. 26 (ambas); p. 27 (izquierda), p. 38 (#41 derecha).

The Bettmann Archive: p. 7; p. 13; p. 14 (inferior derecha).

Bill Clinton for President Committee: p. 38 (#42 izquierda).

Cynthia Breeden/The White House: p. 24.

Culver Pictures: p. 11 (superior).

Gamma-Liaison: p. 23 (inferior); p. 30.

The Granger Collection: p. 8 (todas); p. 9 (derecha); p. 10 (superior izquierda); p. 12 (superior); contraportada.

International Autopen Co.: p. 24 (izquierda).

Leo de Wys, Inc.: pp. 2–3 por Everett Johnson; p. 15 por Alon Reininger; p. 16 por J. Messerschmidt.

The Library of Congress: p. 1, 36, 37, 38.

The Schomberg Collection: p. 9 (superior izquierda).

SIPA Press/Mantel: p. 38 (#42 derecha).

The White House Historical Association: p. 6; p. 10 (mapa); p. 11 (inferior); p. 13 (derecha); p. 14 (superior izquierda, superior derecha, inferior izquierda); p. 17; p. 18 (izquierda y derecha); p. 19 (superior); p. 20 (izquierda, medio, derecha); p. 21 (superior e inferior derecha); p. 23 (superior izquierda y derecha); p. 28 (izquierda); pp. 32–33; p. 38 (#41 izquierda); p. 38 (#37 derecha); p. 38 (#40 izquierda y derecha).

Wide World Photos, Inc.: p. 5 (todas menos superior centro); p. 28 (derecha); p. 29 (superior e inferior); p. 31 (derecha); p. 38 (#38 derecha); p. 38 (#38 izquierda).

UPI/Bettmann Newsphotos: p. 27 (derecha); p. 38 (#37 izquierda).

U.S. Bureau of Printing and Engraving: p. 5 (superior centro); p. 38 (izquierda y derecha).

A mis padres con amor

Agradecimientos

Agradecemos al señor Rex Scouten, Conservador de la Casa Blanca, y a su personal, no solamente por verificar el contenido de este libro, sino por su siempre entusiasta colaboración al contestar todas nuestras preguntas, incluso las más insignificantes; a los agentes del Servicio Secreto de la Casa Blanca por proporcionarnos los datos solicitados, y por permitirnos escuchar algunas de las preguntas formuladas por los niños durante sus visitas a la Casa Blanca. A los empleados de la biblioteca de la Casa Blanca y de la Biblioteca Pública de New York; a Lucy Evankow, principal bibliotecaria de Scholastic Inc., a Don Stoll por haberme recomendado el Hotel Washington que se convirtió en mi segundo hogar; a Dianne Hess, mi editora; a Nancy Hanes quien me ayudó con las investigaciones de última hora; y muy especialmente a Deborah Thompson, quien logró con su ingenio obtener las magníficas fotografías, dibujos y grabados que aparecen en este libro y que permiten contar esta historia.

Original title: *The Story of the White House*

ISBN 0-590-47397-2
ISBN 0-590-29194-7 (Meets NASTA specifications)

3 4 5 6 7 8 9 10   08   00 99 98 97 96 95 94
Printed in the U.S.A.

First Scholastic printing, April 1993
Original edition: September 1991